DROIT D'AUBAINE

DE

LA GRANDE-BRETAGNE,

PAR C. H. OKEY,

AVOCAT ANGLAIS.

---

*Protectio trahit subjectionem, et
subjectio protectionem.*

PARIS,

A. ET W. GALIGNANI, RUE VIVIENNE, Nº. 18.
G. WARÉE, QUAI VOLTAIRE, Nº. 21.
G. PISSIN, PLACE DU PALAIS-DE-JUSTICE, Nº. 1.
BUTTERWORTH, 7 FLEET STREET, LONDON.

1830.

DROIT D'AUBAINE

DE

LA GRANDE-BRETAGNE.

DROIT D'AUBAINE

DE

LA GRANDE-BRETAGNE,

PAR C. H. OKEY,

AVOCAT ANGLAIS.

Protectio trahit subjectionem, et
subjectio protectionem.

PARIS,

A. ET W. GALIGNANI, RUE VIVIENNE, Nº. 18.
G. WARÉE, QUAI VOLTAIRE, Nº. 21.
G. PISSIN, PLACE DU PALAIS-DE-JUSTICE, Nº. 1.
BUTTERWORTH, 7 FLEET STREET, LONDON.

1830.

PARIS, IMPRIMERIE DE A. BELIN,
rue des Mathurins S.-J., n°. 14.

PRÉFACE.

Destiné aux étrangers qui habitent l'Angleterre, ou qui ont des rapports avec ce pays, l'ouvrage suivant a paru devoir être publié en français, idiome plus généralement répandu que tout autre. L'auteur s'est efforcé d'adapter au langage qu'il a choisi les locutions propres au barreau anglais, locutions qui manquent parfois de clarté et de précision. Il a évité, autant que possible, de se servir de termes techniques. Obligé cependant, par une nécessité indispensable, d'en employer quelques uns, il a cru devoir en faire connaître la signification et la valeur par un vocabulaire placé à la fin du volume. Quelques fragmens sont extraits d'un ouvrage anglais de l'auteur, sur la législation anglaise et française (1). Le succès obtenu par ce dernier a donné l'idée qu'un précis des droits, obligations et priviléges des étrangers en général pourrait ne pas être sans intérêt.

Les relations qui existent entre diverses contrées et l'Angleterre, résultat heureux d'un état de paix, sont un gage certain de succès pour cette publication, où l'on s'est efforcé de resserrer les instructions néces-

---

(1) Un avocat de la Cour royale de Paris s'occupe à faire de cet ouvrage une traduction française, qui doit paraître incessamment.

saires dans le moindre espace possible, et autant qu'ont pu le permettre la nature et l'importance du sujet.

C. H. O.

PARIS,
Rue du Faub. St.-Honoré, N. 35;

et

1, *Inner Temple Lane.*
LONDON.

10 Janvier 1830

DROIT D'AUBAINE

DE

LA GRANDE-BRETAGNE.

ALLÉGEANCE.

L'ALLÉGEANCE est le lien qui unit le sujet au souverain, en retour de la protection que celui-ci accorde au premier. Elle est *naturelle*, c'est-à-dire due par tous les sujets nés dans les possessions du souverain, ou *locale*, c'est-à-dire à laquelle sont astreints les étrangers aussi long-temps qu'ils résident dans ses États et sous sa protection, et qui cesse dès l'instant où ces étrangers quittent le royaume

pour passer dans un autre. Effet de la loi,
l'allégeance locale qui seule doit nous occuper ici est, de sa nature, purement temporai-
re; car comme le prince accorde sa protection
à l'étranger seulement pendant le temps du
séjour dans ses États, l'allégeance de l'étranger
est limitée, quant à la durée, au temps de sa
résidence, et quant aux localités, à l'étendue
des possessions du royaume : c'est une protection locale de la part du prince, une obéissance et allégeance locales de la part du sujet.
Il en résulte que l'étranger dont le souverain
est en paix avec la couronne, et qui réside en
Angleterre et reçoit la protection des lois anglaises, doit une allégeance et une obéissance
locales à la couronne pendant la durée de sa
résidence; et si, dans cet espace de temps, il
commet quelque infraction, il est passible des
mêmes peines que le serait en pareil cas
un citoyen anglais. En effet, la personne et
les biens de l'étranger recevant des lois la

même protection que la personne et les biens d'un Anglais, et, comme lui, obtenant de ces lois le redressement des torts qui peuvent lui être faits, il est juste que les infractions dont il peut se rendre coupable soient punies de la même manière. L'allégeance et l'obéissance locales, quoique momentanées et incertaines, ont assez de force cependant pour créer un citoyen. En effet, si un étranger donne le jour à un enfant né en Angleterre, cet enfant est citoyen, et ce n'est ni le sol ni le climat, mais l'allégeance, qui lui donne cette qualité ; si des ennemis débarqués en Angleterre y possédaient une ville ou une forteresse, leurs enfans, quoique nés dans le pays, ne seraient pas sujets du roi d'Angleterre, parce qu'ils ne seraient pas nés avec l'allégeance du sujet, et par conséquent sous la protection du souverain de la Grande-Bretagne.

L'allégeance peut être considérée comme

acquise, différente de celle qui est naturelle. L'allégeance acquise est celle par laquelle un étranger obtient quelques uns des droits du sujet, et qui est l'effet de la *naturalisation* ou de la *dénisation*. Elle se divise en absolue, lorsque le roi l'accorde à un *dénisé* et à ses héritiers, sans limites ni restrictions; et limitée, lorsque le roi donne des lettres de dénisation à un étranger et à ses héritiers mâles et naturels, ou à un étranger, pour le temps de sa vie ou pour quelques années seulement : on peut les accorder encore pour un objet particulier, et sous certaines conditions. Nous traiterons bientôt plus en détail des différens droits qui résultent de ces lettres de dénisation, et du serment à prêter avant de les obtenir.

DROITS ET INCAPACITÉS DES ÉTRANGERS
RELATIVEMENT AUX IMMEUBLES.

Avant de parler des priviléges et droits qui concernent les étrangers, et de faire connaître les cas dans lesquels eux ou leurs enfans ont la faculté d'acheter, de recevoir en héritage ou de tenir en fief des immeubles ou d'autres propriétés en Angleterre, il est essentiel de désigner les personnes auxquelles la loi donne la qualité d'étrangers, ou, d'après l'expression légale du pays, celle d'*Alien*.

La loi relative aux Aliens a éprouvé des changemens tellement nombreux depuis son institution, que si nous voulions suivre avec

exactitude ses variations et ses perfectionne-
mens, nous nous écarterions beaucoup trop
du but que nous nous sommes proposé, et qui
doit se borner, autant que possible, à la loi
telle qu'elle existe de nos jours. Il faut donc
commencer par donner une idée des droits,
priviléges et facultés des Aliens et de leurs
enfans quant aux immeubles, et des circonstances dans lesquelles ils peuvent hériter,
acquérir ou transmettre des immeubles, soit
par eux-mêmes, soit au nom d'un tiers ou
curateur. Nous nous occuperons ensuite des
priviléges qui leur sont accordés quant à leurs
propriétés mobilières, de leurs droits commerciaux et civils, auxquels des actes récens
du parlement ont donné une grande extension ; nous détaillerons enfin les formalités
par lesquelles un étranger acquiert tous les
droits et priviléges du citoyen de naissance,
et les avantages résultant de la simple déni-
ation et de la naturalisation.

L'Alien est celui qui est né hors de l'obéissance et allégeance du souverain, et de parens qui ne doivent pas obéissance au roi d'Angleterre. La circonstance de naissance hors du royaume peut faire présumer la qualité d'Alien, quoique cette présomption puisse être détruite par le fait d'obéissance due par les parens, et même par le père seul de l'Alien, au moment de sa naissance. Quoique cette règle s'applique aux enfans de parens qui sont l'un et l'autre citoyens de naissance, et misse sàunt le père seul possède cette qualité, elle cesse d'avoir lieu si la mère seule est Anglaise. Dans ce cas, quoiqu'elle soit citoyenne de naissance, si son mari est Alien et étranger, les enfans nés de lui hors d'Angleterre sont Aliens. Ainsi les enfans nés hors d'Angleterre d'un Alien et d'une femme anglaise, et par conséquent hors l'allégeance due au roi, ne peuvent hériter de leur mère en Angleterre, parce que, quoiqu'elle soit citoyenne de naissance, elle se trouve *sub potestate viri*, et que, d'après la loi, *partus sequitur patrem* qui est un Alien. Cette règle est fondée sur le simple bon sens : les plus dangereuses conséquences pourraient résulter d'une doctrine contraire ; car si une femme héritait d'une grande charge de l'État, et épousait un étranger, ses enfans, comme Aliens, pourraient être en hostilité contre l'État, que, comme citoyens de naissance, il eût été de leur devoir de défendre et de protéger eux-mêmes.

D'un autre côté, les enfans des Aliens, nés dans les possessions britanniques, sont, généralement parlant, citoyens de naissance, et jouissent de tous les droits et priviléges de ceux qui sont nés sous l'obéissance du roi. Ainsi, si des Français ont des enfans en Angleterre, ces enfans, malgré la qualité d'Aliens de leurs parens, seront citoyens de naissance, parce qu'ils seront nés sous l'obéissance du roi, et qu'aucun individu dans cette circonstance ne peut être Alien.

Toute personne est susceptible de tenir un fief en Angleterre, à moins que quelque loi positive du royaume, basée sur des raisons de politique intérieure, ne s'y oppose. Le principal motif d'empêchement à cet égard est la qualité d'Alien, et la législation anglaise est loin d'être la seule qui ait pris une semblable disposition. Ainsi, quoique l'Alien puisse sans autorisation du roi acheter des immeubles, il ne peut les avoir en fief; car, pour en acquérir la propriété permanente, il doit avoir une allégeance également permanente envers le roi d'Angleterre, allégeance qui serait opposée à celle qu'il doit à son propre souverain. La nation pourrait, par cette circonstance, être soumise à une influence étrangère; ce qui produirait les plus funestes conséquences. C'est par cette raison que, quoique l'Alien

puisse acheter des terres et autres immeubles,
le roi a un titre sur cesdits immeubles, dont
il ne peut entrer en possession cependant
que du moment où il y a été autorisé par le
résultat d'une enquête qui le nantit réellement
d'un objet sur lequel il n'avait jusqu'alors que
de simples droits. Jusqu'à ce que cette enquête ait eu lieu, l'Alien demeure saisi, et
peut intenter une action pour dommages envers sa propriété, sans même avoir besoin
d'aucune autorisation de la part du roi.

Quoique l'Alien puisse, comme nous l'avons
vu, être tenancier des terres qu'il a achetées
jusqu'au moment où le roi interpose ses droits,
il ne peut les recevoir, et moins encore les
avoir en fief par succession, *curtesy*, douaire,
donation, ou aucun acte quelconque. Il ne le
peut par succession, d'après les raisons déjà
données, et d'où il résulte qu'un Alien ne pouvant avoir en fief des terres, ne peut consé-

quemment les transmettre à ses descendans ;
il ne le peut par douaire, parce que la femme
ne peut recevoir en douaire les terres de son
mari qui est un Alien ; qu'une femme Alien
qui a épousé un citoyen anglais ne peut recevoir un douaire qu'avec l'agrément du roi,
et que le douaire étant le résultat d'un acte
de la loi, cette loi, qui *nil frustrà agit,* ne
transmettra pas des possessions à celui qui ne
peut les avoir en fief. La reine d'Angleterre,
cependant, fait exception à cette règle, et
peut recevoir un douaire malgré la qualité
d'Alien, parce que le monarque ne peut se
marier d'une manière conforme à son rang
qu'en épousant une femme qui n'est pas sa
sujette. Par un acte spécial du parlement, les
femmes Aliens mariées à des Anglais par autorisation du roi peuvent recevoir en douaire
les terres de leur mari ; et les Anglaises mariées
à des Aliens, en vertu de la même autorisation,
peuvent également recevoir un douaire. Le

douaire reçoit de grandes modifications de la naturalisation et de la dénisation, ainsi qu'on le verra bientôt.

Le mari d'une femme Alien, non plus que l'Alien marié à une femme citoyenne de naissance, ne peuvent être tenanciers, par *curtesy* d'Angleterre, à moins qu'ils n'aient eu des enfans postérieurement à l'époque où ils ont été admis à la dénisation ou à la naturalisation.

Ainsi, c'est en cas de *purchase* seulement que les immeubles d'un Alien peuvent revenir à la couronne, parce que c'est dans ce cas seul qu'il peut les avoir en fief, même pour un temps. Mais attendu qu'il ne peut devenir possesseur par l'effet de la loi, ainsi qu'il a été dit ci-dessus, aucun motif ne peut le rendre un sujet de forfaiture, de même que, vu sa qualité, le roi n'a aucun droit sur sa personne ni ses services.

La forfaiture dont il a été question n'a lieu que lorsque l'Alien a été déclaré tel par une enquête d'office, ainsi qu'il a été dit, quand il a quitté le royaume, ou après sa mort. Car, dans le premier cas, le franc-fief étant dévolu à l'Alien, qui n'est que le tenancier du maître par qui les terres sont possédées, il serait déraisonnable de le considérer comme Alien avant qu'un acte légal lui eût assigné cette qualité, puisque chaque individu résidant dans le royaume est considéré comme citoyen de naissance jusqu'à ce que le contraire soit prouvé. A la mort de l'Alien cependant l'investiture passe immédiatement au roi, sans nécessité d'enquête, attendu que l'Alien ne pouvant avoir d'héritiers, cette formalité devient superflue. Si l'Alien cependant a reçu la dénisation, l'investiture, après sa mort, passe à ses héritiers en ligne directe ; et quand ceux-ci en sont investis, ils ne peuvent être dépossédés qu'en vertu d'une enquête.

Il faut observer que lorsqu'une enquête a été faite, le roi reçoit l'investiture de la terre, à partir de la date de l'acquisition faite par l'Alien, et non de l'époque de l'enquête, attendu que les titres du roi aux terres existent du moment où l'Alien les a prises, et que l'acte d'enquête ne fait autre chose que mettre le roi en possession d'un objet sur lequel il avait des droits antérieurs.

Lorsqu'un Alien et un citoyen de naissance achètent des terres en fief commun, et que l'un d'eux vient à mourir, le survivant conserve le titre jusqu'à ce qu'une enquête ait eu lieu, parce que le fief appartient à l'Alien ; mais après l'enquête si c'est un franc-fief, la moitié et le tout si c'est un *chattel interest* seulement, appartient au roi, attendu que le roi ne peut être conjointement tenancier d'un chattel interest avec un de ses sujets. Quant à un franc-fief, il n'en est point ainsi ; quoique le roi ne puisse être conjointement tenancier, il peut néanmoins être possesseur d'un franc-fief avec un sujet.

Un Alien, comme nous l'avons vu, demeurant nanti de la terre jusqu'à ce que l'enquête soit formée, il en résulte que, s'il est tenancier d'un fief mouvant, il peut, par un acte appelé *common recovery*, le convertir en fief absolu, en conserver le titre entier, et l'enlever à ses enfans. Ce titre de fief mouvant est valable jusqu'à ce qu'il ait des enfans, quoique ceux-ci ne puissent point en hériter. Mais si la terre est donnée à un Alien en fief mouvant, et le reste à une autre personne en fief simple, et que l'Alien procède au *common recovery*, cet acte, après une enquête formée, détruira le titre de fief simple, et le roi deviendra tenancier en titre.

La loi veut maintenant, quoique l'opinion

contraire fût jadis reçue, que les enfans d'un Alien nés en Angleterre puissent hériter l'un de l'autre, les frères étant considérés mutuellement comme des descendans directs. Quoique, d'après ce qui a été dit, le père, qui est le *commune vinculum* ou la souche de leur consanguinité, ne leur transmette point la qualité d'héritiers qu'il n'a pas, que ces enfans ne puissent hériter de lui, et que par suite ils semblent devoir être hors d'état d'hériter l'un de l'autre, le principe qui vient d'être émis n'en est pas moins raisonnable ; car, comme dans certains cas la ligne supposée descendante d'ancêtres indéfinis n'est que fictive, la loi peut aussi bien admettre des ancêtres que des descendans supposés.

Les statuts 11 et 12, *Guill.* iii, c. 6, arrêtent que les citoyens de naissance peuvent hériter et établir leurs titres de descendance de quel que ce soit de leurs ancêtres directs ou colla-

téraux, quoique leur père ou autres ancêtres
d'où résultent leurs droits soient nés hors de
l'allégeance du souverain. Cependant on crai-
gnit postérieurement des inconvéniens dans
le cas où, par ces dispositions, des individus
obtiendraient pour l'avenir une faculté d'hériter qui n'existerait pas à la mort du dernier
possesseur. Les statuts 25, *Georg.* 11, c. 39, y ont
pourvu, en déclarant que des droits d'héritage
ne seront reconnus à aucun individu quelconque, par suite des statuts précités, à moins
qu'il n'ait ces droits à la mort du dernier
possesseur. Il y a une exception dans le cas
où la terre passerait à la fille d'un Alien. Cette
descendance alors serait annulée en faveur
d'un fils posthume, ou l'héritage serait partagé
avec une ou plusieurs sœurs posthumes, selon
la descendance ordinaire, par la loi commune.

Un Alien ne pouvant posséder un *advowson,*
non plus que d'autres immeubles, ne peut par

conséquent présenter un prêtre à un *ad-vowson*.

Comme il est contraire à l'esprit général de la loi qu'un Alien plaide ou soit poursuivi devant aucun tribunal du royaume pour aucune propriété territoriale située en Angleterre, il ne peut non plus être nanti de la jouissance (*use*), car il ne pourrait en faire maintenir l'exécution ; et quoiqu'il ait été dit que si un Alien achète une terre au nom d'un curateur, le roi n'y aura aucun droit après enquête, attendu que la loi ne reconnaît que le curateur et non l'Alien, la législation actuelle établit clairement que si un Alien achète des terres au nom d'un autre, en *fidéicommis*, pour lui et ses héritiers, elles passeront au roi, attendu que l'allégeance de l'Alien n'étant que temporelle, ses propriétés doivent l'être également.

L'aliénation d'une terre en faveur d'un

Alien serait un motif de forfaiture envers la couronne de la terre aliénée.

Avant de terminer ce que nous avions à dire sur les Aliens, nous devons faire observer que quoiqu'un citoyen de naissance ne puisse se soustraire de lui-même à son allégeance naturelle, il en peut perdre les avantages par une violation des lois, et se placer dans la position d'un alien. Ce cas a lieu lorsque, traversant les mers, il devient sujet d'un prince étranger, ou employé d'un manufacturier qui exerce sa profession dans un pays étranger, et qu'il ne rentre pas en Angleterre dans les six mois suivant la signification qui lui en a été faite par l'ambassadeur, le consul, ou autre personne à ce autorisée. Le refus de rentrer le rend incapable de devenir exécuteur, d'avoir des fiefs par héritage, partage ou achat ; et, en sa qualité d'Alien, ses propriétés deviennent une forfaiture de la couronne.

Nous allons jeter un coup d'œil général sur les droits, facultés et incapacités des étrangers, sous le rapport de leurs relations civiles et commerciales et des propriétés mobilières dans la Grande-Bretagne. Nous répéterons à cet égard une réflexion que nous avons déjà faite : nos observations n'ont pas pour objet l'état de la loi, telle qu'elle fut à différentes périodes, mais seulement ses dispositions actuelles. Les anciennes ordonnances, en apparence défavorables aux étrangers, ont été considérablement modifiées depuis quelques années ; et l'observation de Montesquieu, qui dit, en parlant des Anglais, *C'est le peuple du monde qui a le mieux su se prévaloir à la fois de trois grandes choses, la religion, le commerce et la liberté,* est plus exacte de nos jours qu'à l'époque où il écrivait. Ce grand publiciste appréciait cependant la justesse et la nécessité des lois anglaises dans un temps où les étrangers étaient universellement regardés en Angleterre d'un œil de jalousie et de défiance. Ces temps heureusement ne sont plus ; de plus nobles, de plus généreuses institutions ont été adoptées : nous avons vu s'abaisser graduellement les barrières qu'on avait jugées indispensables pour défendre les droits des sujets de la Grande-Bretagne contre les envahissemens des étrangers, et les dispositions dont ceux-ci étaient l'objet ont été remplacées par des sentimens plus analogues à l'esprit du siècle. Nous touchons à l'époque où, selon l'expression d'un illustre politique,

M. Pitt, les nations semblent justifier l'ordre physique de l'univers, et se montrent disposées à n'avoir entre elles que des rapports de bienveillance et d'amitié.

Quelle qu'ait été la rigueur de l'ancienne jurisprudence à cet égard, la loi, telle qu'elle existe aujourd'hui, autorise et encourage les Aliens à acquérir des marchandises et autres propriétés transportables par leur nature. Elle leur permet de faire le commerce aussi librement que toute autre personne, et leur offre la même protection. Un Alien peut actionner pour ce qui concerne ses effets mobiliers, il peut tester et disposer; il peut encore agir comme exécuteur et administrateur, et est passible des statuts concernant la banqueroute, dont il peut également revendiquer les avantages. L'Alien a la faculté, s'il est poursuivi pour quelque contravention, d'être jugé par un jury *de medietate linguæ*; il peut même jouir du bénéfice de la loi des pauvres en Angleterre, s'il a tenu un bail de la valeur de dix livres sterlings l'année ; et s'il réside en Angleterre par suite d'une révolution arrivée dans son propre pays, il ne peut être arrêté pour des dettes contractées au dehors. Ces renseignemens, et quelques autres du même genre, formeront le sujet du présent chapitre.

Avant d'entrer dans ces détails, cependant il est bon de faire connaître les circonstances dans lesquelles un étranger doit se présenter, et les formalités qu'il doit remplir, pour obtenir la protection et les droits accordés à l'Alien. En conséquence, nous allons jeter un coup d'œil général sur les dispositions les plus récentes prises à cet égard.

L'acte du parlement, communément appelé *alien act*, établissant des réglemens concernant les Aliens résidant en Angleterre, devait avoir, lorsqu'il fut passé, force de loi pendant deux ans seulement. Après avoir été prorogé à différentes reprises, on l'a laissé expirer dans le courant de 1826. Pendant la même année (la septième du règne du roi *Georges* iv), il fut passé un autre acte encore en vigueur, ayant pour titre : *An act for the registration of Aliens*. Comme une connaissance exacte de son ensemble est de la plus haute importance pour l'étranger arrivant ou résidant en Angleterre, nous en donnons la traduction entière dans les notes auxquelles nous renvoyons le lecteur. Nous nous bornons à donner sommairement ici une esquisse de ses principales dispositions, portant que :

« Tout Alien se trouvant dans le royaume à la promulgation de l'acte, fera une déclaration de ses nom, domicile, etc., et la transmettra, avant quinze jours, à l'*Alien office* en

Angleterre, et au premier secrétaire en Irlande, une seule déclaration suffisant pour
une famille.

« Les capitaines de bâtimens arrivant de
ports étrangers déclareront les Aliens qu'ils
ont à bord, ou qu'ils ont débarqués. L'omis-
sion de cette formalité ou la fausse déclaration sont punissables ; mais la déclaration ne
concerne pas les marins étrangers faisant le
service à bord.

« Les Aliens, à leur arrivée de dehors, déclareront leurs noms, professions, etc., et
feront la remise de leur passe-port.

« Les officiers de la douane enregistreront
la déclaration, qu'ils transmettront à l'*alien
office,* et délivreront un certificat à l'Alien,
qui, une semaine au plus tard après son arrivée, le transmettra au même bureau, en

faisant connaître l'endroit où il se propose de résider. Il devra renouveler cette déclaration de résidence deux fois par an, et même plus souvent, sur la réquisition du secrétaire d'état, ou du premier secrétaire en Irlande.

« Si un Alien néglige de faire sa déclaration ou en fait une fausse, il est passible d'une amende ou d'un emprisonnement, au gré du juge de paix, après que celui-ci a constaté la contravention.

« A la réception de la déclaration de l'Alien à l'*alien office*, ou au bureau du premier secrétaire en Irlande, on lui adresse un certificat portant la désignation de son séjour, etc. Si, par sa faute, il ne se trouve pas muni dudit certificat, ou s'il demeure à un autre endroit que celui qui est désigné, il est passible d'une amende.

« Au départ de l'Alien du royaume, il reçoit

son passe-port au port où il désire s'embarquer, sur la déclaration qu'il en fait; et le
défaut de cette déclaration le rend passible
d'une amende.

« De nouveaux certificats peuvent être délivrés en place de ceux qui auraient été per-
dus, et doivent l'être gratuitement, ainsi que
tous ceux dont il a été déjà question. Tout officier de la douane refusant ou négligeant d'accorder un certificat, d'en transmettre la copie, de transmettre les déclarations d'un capitaine de bâtiment ou celle de départ, et
délivrant sciemment un faux certificat, est lui-
même passible d'une amende.

« La fabrication ou l'altération d'un certificat ou déclaration, la participation à ces délits, sont punissables par l'amende ou l'emprisonnement.

« Les délits et contraventions envers l'*Alien*

act peuvent être poursuivis pendant les six mois qui suivent le moment où ils ont été commis, excepté le manque de déclaration de départ, qui peut être poursuivi pendant les six mois qui suivent le retour du délinquant dans le royaume. »

Une dernière disposition porte que l'acte ne concerne pas les ambassadeurs étrangers, et les personnes qui leur sont attachées, les Aliens qui ont résidé pendant sept ans dans le royaume, et les Aliens au-dessous de l'âge de quatorze ans.

Sans la permission et l'encouragement donnés aux Aliens d'acquérir des propriétés mobilières, ils seraient hors d'état de se livrer à leur commerce avec succès ; et cette raison a déterminé les modifications qui ont eu lieu, pendant les dernières années, dans les dispositions relatives aux étrangers, modifications qui toutes ont eu pour but de favoriser le commerce, tandis que la faculté d'acquérir des immeubles n'a reçu que très-peu de changemens et d'extension. Nous parlerons avec plus de détails de la faculté accordée aux étrangers de se livrer au commerce avec autant de liberté que les sujets anglais, étant, à une exception près, soumis aux mêmes devoirs, lorsque nous aurons émis quelques considérations sur leurs droits civils.

Les tribunaux d'Angleterre ne connaissent pas des délits commis hors du royaume, à moins qu'un acte particulier du parlement ne leur en donne la compétence. Mais si une partie du délit a été consommée en Angleterre, ils peuvent en connaître : ainsi, dans cette circonstance, un Alien peut intenter une action judiciaire pour tout préjudice porté à sa personne ou à ses propriétés mobilières ; et cette faculté lui serait accordée même dans

le cas où il ne viendrait en Angleterre que
pour cet objet, et avec l'intention de retourner dans son pays. Dans le cas où l'Alien qui
intente une action judiciaire demeure constamment hors du royaume, ou ne s'y trouve
que momentanément n'y étant pas domicilié,
il peut être requis, sur la demande du tribunal, de fournir une garantie pour le paiement
du coût du procès; alors toutes poursuites
sont suspendues jusqu'à ce que cette formalité soit remplie : mais cette garantie n'est
point exigée de l'étranger, capitaine de bâtiment, faisant le commerce de cabotage dans
les ports de la Grande-Bretagne. Un souverain étranger peut poursuivre en Angleterre
devant les tribunaux ordinaires et d'*Equity* :
ainsi, lorsque le gouvernement français paya,
à l'agent d'une personne nommée par le roi
d'Espagne, des sommes que réclamaient quelques sujets de ce souverain, qui portaient en
Angleterre le titre de secrétaires de son agent,

le tribunal décida que le roi d'Espagne avait droit à la réclamation de ces fonds, et pouvait en poursuivre le remboursement. Ainsi pareillement une corporation étrangère peut plaider, en Angleterre, en son propre nom.

Un consul étranger résidant en Angleterre, et recevant des émolumens comme fonctionnaire de son gouvernement, ne peut poursuivre une action judiciaire pour salaire de ses fonctions en traitant des affaires commerciales pour des négocians, d'après les instructions expresses de son gouvernement; mais il peut exiger des émolumens lorsqu'il s'est occupé d'affaires que ses instructions n'ont point prévues, quoiqu'il ait agi comme consul.

Lorsqu'une poursuite judiciaire a pour objet des expressions calomnieuses ou diffamatoires exprimées dans un idiome étranger, la cause repose sur la question de savoir si ces expressions ont été comprises par ceux devant qui elles ont été prononcées, dans un sens qui puisse en faire un cas de poursuite. Alors le tort ou le dommage existe, et le fond de l'action en poursuite est réel; mais si une expression étrangère, pouvant donner lieu à une poursuite judiciaire, cesse de présenter le même sens dans la traduction anglaise, l'action tombe nécessairement d'elle-même.

Un étranger qui réside constamment hors d'Angleterre n'est point astreint aux réglemens qui limitent le temps pendant lequel une poursuite doit être intentée. Ce délai se prolonge tout le temps que l'étranger passe sans venir en Angleterre; et il est à remarquer que la simple relâche à un port anglais n'est point considérée comme un retour.

Un Alien, comme nous l'avons vu, ne peut

acquérir aucune propriété territoriale permanente, mais il peut tester pour ses propriétés mobilières. Si son testament est fait dans une langue étrangère, le *probate* sera accordé sur la traduction faite par un notaire public. Mais dans le cas où un testament serait fait par des ouvriers anglais ayant exercé leur profession dans des pays étrangers, et refusé de retourner en Angleterre dans les six mois de la sommation faite par un ambassadeur, ministre ou consul, cet acte n'aurait aucun effet en Angleterre.

Lorsqu'un Alien résidant au dehors meurt *intestat*, tous ses biens en Angleterre sont partagés selon les lois du pays où il résidait. S'il en était autrement, aucun étranger ne pourrait négocier sur les fonds anglais sans craindre de voir ses propriétés mobilières distribuées d'après les lois anglaises, et non d'après celles de son pays. Les propriétés mobilières suivent la personne du possesseur, et, dans le cas de son décès, doivent être distribuées suivant la loi du pays où il avait son domicile, l'actuel *secùs* de la propriété n'ayant pas d'influence : mais cette résidence doit être stationnaire, et non pas simplement accidentelle, ou pour des motifs temporaires.

La qualité d'Alien ne rend pas incapable d'administrer : un Alien, au contraire, peut être nommé exécuteur ou administrateur. Mais si un exécuteur à qui il a été accordé un *probate* demeure hors d'Angleterre, tout créancier, à l'expiration d'une année à dater de la mort du testateur, peut obtenir l'administration spéciale.

Tout individu qui n'est pas citoyen de naissance n'a pas, généralement parlant, les qualités nécessaires pour être juré : cependant cette circonstance ne prive pas l'Alien, qui est poursuivi pour quelque crime ou délit, du droit d'être jugé par un jury *de medietate linguæ*. Sur la demande qu'il présente à cet effet, le sheriff, d'après l'ordre de la cour, avise à ce que la moitié du jury soit composé d'étrangers, si l'on peut en trouver en nombre suffisant lorsque le procès commence; et si le nombre compétent ne se trouve pas, à ce qu'on en réunisse autant que possible. Ces jurés ne sont pas sujets à être appelés ou rejetés par le défaut de quelques qualités requises par la loi du jury, mais ils peuvent l'être pour d'autres motifs, comme *propter affectum*, *propter delictum*, etc.

Les droits d'électeurs ne s'étendent pas aux Aliens, à moins qu'ils n'aient été admis à la dénisation par lettres patentes, ou à la naturalisation par acte du parlement. Les Aliens dénisés ou naturalisés ne sont pas éligibles comme membres de la chambre des communes.

C'était jadis un objet de doute de déter-
miner si un Alien peut prétendre au bénéfice de la loi pour le soulagement et l'éta-
blissement des pauvres en Angleterre : il est
clairement établi maintenant qu'il le peut. La
supposition qu'un étranger n'avait aucun droit
à être secouru, et qu'on pouvait le laisser
périr de faim et de misère, a été repoussée
avec indignation par un magistrat dont l'hu-
manité égale les lumières, l'illustre lord El-
lenborough. Dans un jugement porté dans
un cas semblable, il disait que la loi de l'hu-
manité, antérieure à toutes les lois positives,
nous oblige à préserver les étrangers qui le
demandent de succomber à la misère, et que
les lois n'ont été établies que pour constater
plus positivement cette obligation, et préciser
la manière dont elle doit être remplie.

L'arrestation des étrangers en Angleterre,
excepté lorsqu'il s'agit des ambassadeurs, des

ministres étrangers et de leurs domestiques, diffère fort peu de celle des sujets anglais. Le privilége de ne pouvoir être arrêté, dont jouissent les pairs d'Angleterre, ne s'étend pas à ceux d'aucun autre pays. Quant aux ambassadeurs et ministres étrangers, leurs personnes ne peuvent être arrêtées en vertu de la loi civile, et leurs meubles ne peuvent être saisis pour paiement de dettes, même par autorisation du roi, et par les réglemens du lieu de leur résidence. Les droits des ambassadeurs, établis par les lois des nations, sont un objet d'intérêt général, et l'on veille à leur maintien en arrêtant toute poursuite judiciaire dirigée par l'ignorance ou la méchanceté d'individus qui prétendraient attenter aux priviléges d'un ministre étranger, ou même de ses domestiques. Ce privilége ne peut être détruit par aucun acte de l'ambassadeur, et le commerce même que ferait celui-ci ne peut l'annuler : mais il ne s'étend pas jusqu'au

consul, parce que le caractère de ce fonctionnaire ne protège pas celui de négociant lorsque l'un et l'autre sont unis dans la même
personne. Si le consul contracte des dettes ou
des engagemens commerciaux, il peut être
poursuivi en Angleterre pour cet objet, et est
sujet à la loi du pays où il exerce ses fonctions. Les domestiques d'un ambassadeur ou
d'un ministre étranger, qui ont le privilége de
ne pouvoir être arrêtés, sont ceux qui demeurent dans la maison de ce fonctionnaire,
et sont réellement ses domestiques personnels.
Ils doivent faire connaître la nature de leurs
services, et jurer qu'ils en exercent les fonctions. Un aumônier qui n'officie pas dans la
chapelle de l'ambassadeur, le médecin et
l'interprète qui ne demeurent pas dans sa
maison, ne jouissent pas du privilége de ne
pouvoir être arrêtés.

Il a été dit qu'un individu qui a commis

dans un pays étranger un crime capital, et qui se réfugie en Angleterre, peut être saisi et livré aux magistrats du pays où le crime a été commis. L'existence de cette faculté dans les lois anglaises a été mise en doute; et on peut se demander si, par une absence de réciprocité à cet égard avec les autres pays, l'Angleterre ne détourne pas en partie le but des lois criminelles, et n'offre pas, pour ainsi dire, une sécurité au crime dans son sein et au dehors. Quoique l'Angleterre admette l'exercice et reconnaisse l'avantage de cette mesure, en demandant l'extradition des coupables anglais qui se trouvent au dehors, elle devient elle-même l'asyle des criminels étrangers : l'absence de réciprocité de sa part entraîne un refus semblable de quelques autres pays.

Un savant jurisconsulte a dit que, par l'assentiment de toutes les nations, le pays dans lequel on découvre un criminel a toujours dû aider la police de celui où le crime a été commis à lui infliger un châtiment. Après avoir donné diverses preuves à l'appui de ce fait, il ajoute que telle a toujours été la loi de tous les pays civilisés. Dans les débats d'un jugement pour assassinat, récemment rendu en France, l'avocat du roi a dit au jury : « Il ne peut y avoir de pays où le crime trouve « protection et hospitalité.» Cette observation juste et raisonnable devient erronée si les lois anglaises n'offrent pas la faculté en question. Il serait malheureux sans doute, pour les principes de tolérance et de liberté , que cette faculté comprît les délits politiques; mais une semblable considération ne peut exclure le principe. Il est certaines règles morales que rien ne peut altérer, et qui sont les mêmes dans tous les pays : leur infraction, lorsqu'elle est authentiquement prouvée par des recherches préliminaires et une enquête contre l'individu accusé, semble être la règle à suivre pour l'application de ce principe.

Un Alien peut servir de caution en Angleterre, et, s'il est nécessaire, prêter serment, et être examiné par un interprète. Les propriétés en pays étrangers, quelle qu'en soit l'étendue et la valeur, ne sauraient jamais être suffisantes pour lui donner cette qualité. Mais si ses possessions sont partie en Angleterre et partie à l'étranger, ou si journellement il est attendu sur un bâtiment venant du dehors dans un port d'Angleterre, il peut être reçu comme caution ; et un étranger dont la moralité et le crédit sont reconnus peut être admis pour le même objet, quoique ses possessions en Angleterre soient peu importantes, et surtout si le défendeur est également un étranger.

Il n'existe pas de distinction entre l'étranger et le citoyen de naissance, quant à la durée de l'emprisonnement pour dettes civiles. Le premier n'est point privé des droits de bénéfice de cession, qui permettent au débiteur honnête, mais malheureux, de conserver sa liberté en faisant l'abandon de tout son avoir, ses biens à venir demeurant à la disposition de ses créanciers.

En nous occupant des droits commerciaux et priviléges des étrangers, nous ne devons pas oublier que toutes les affaires commerciales sont réglées en Angleterre par une loi appelée *lex mercatoria*, dont toutes les nations ont connaissance. Elle est considérée comme faisant partie de la loi qui doit prononcer sur les causes entre négocians par des règles générales et sur des principes fixes, qui sont reconnus tels dans tous les pays. Ainsi, dans les questions qui concernent le commerce, la marine, et autres du même genre. la loi *mercatoria*, qui est une branche de la loi des nations, est régulièrement et constamment suivie. C'est une loi universelle, puisée dans l'histoire, et formée par la réunion de ce que les auteurs les plus estimés de toutes les nations ont écrit à cet égard.

Un négociant, se livrant au commerce en Angleterre ou dans tout autre pays, est tenu de se conformer aux lois de ce pays. Faire un commerce illicite, engager les sujets du pays à le favoriser, c'est agir d'une manière contraire à la bonne foi ; et tout acte passé pour servir ou protéger un tel commerce est illégal, et ne peut astreindre à aucune obligation. On ne peut donc exercer en Angleterre aucune poursuite judiciaire pour des actes concernant des marchandises qui y sont prohibées, soit que ces marchandises aient été emballées d'une manière particulière, à dessein d'en faire la contrebande, soit que le vendeur ait entrepris de les livrer en Angleterre , et qu'elles ne doivent être payées que dans le cas où on réussira à les débarquer. Si elles sont emballées d'une manière particulière, le vendeur ne peut dire qu'il ne doit pas courir les risques de l'importation, attendu qu'ayant su dans le principe que ces marchandises devaient être passées en contrebande, il a participé à un acte illégal. Il ne peut donc poursuivre par les voies judiciaires le paiement du prix de cet envoi.

Si la vente et la livraison des marchandises ont été entièrement effectuées au dehors, quoique le vendeur sache qu'elles devaient être transportées en Angleterre en contrebande, il peut nonobstant en poursuivre le paiement devant les tribunaux, parce que cette connaissance ne constitue pas pour lui la circonstance d'avoir pris part à une transaction illégale, n'ayant fait aucune démarche pour favoriser le débarquement. Toute obligation , tout engagement causés sur des motifs de contrebande, deviendront nuls dans les mains de celui qui aurait pris part à la transaction illégale.

Les statuts relatifs à la répression de la contrebande portent que si un navire ou bateau étranger est trouvé à la distance d'une lieue des côtes du royaume, ne se dirigeant pas vers le but de son voyage lorsque le temps le permet, et ayant à bord, ou convoyant ou ayant convoyé à cette distance, des marchandises saisissables d'après quelque acte du parlement relatif aux revenus de la douane sur l'importation de ces marchandises en Angleterre, sera saisi, avec ses agrès, apparaux, armement et chargement en général.

Les droits de douane à payer par les Aliens sur les marchandises importées en Angleterre étaient autrefois plus forts que ceux qui étaient perçus sur les propriétés des citoyens de naissance. Cette illibérale distinction a cessé, et la seule exception qui existe maintenant à cet égard est le droit appelé *scavage* (étalage). C'est un péage perçu sur les marchandises des Aliens par la ville de Londres, reconnu avec raison comme une taxe odieuse et impolitique. Il serait honorable sans doute, pour la cité qui le perçoit, de le supprimer, en adoptant les principes plus nobles et plus libéraux de la législature. Il est encore exigé, de tous négocians important ou exportant des marchandises, de souscrire, par eux-mêmes ou par un agent, un ou plusieurs bulletins d'entrée, pour déclarer si cette marchandise est pour compte d'Aliens ou de citoyens anglais. Ils peuvent être, à cet égard, appelés à prêter serment devant les officiers nommés pour percevoir les droits ; aucune entrée pour compte d'Alien n'est admise, aucune marchandise n'est livrée par les officiers de la douane, si elle ne porte la signature du collecteur de la ville ou de ses délégués ; et si les marchandises sont entrées ayant été portées pour compte d'Anglais, et appartiennent à un Alien, le négociant ou ceux qui ont fait entrer ces marchandises sont passibles d'une amende de cinquante livres sterlings, au bénéfice de la ville de Londres.

Pour prévenir la fraude qui pourrait dénaturer ou soustraire des marchandises d'Alien, il a été ordonné que quelques articles importés sur tout autre bâtiment qu'un bâtiment anglais seront censés marchandises étrangères, et en cette qualité paieront les droits de douane, à quelque port ou ville qu'ils abordent.

Le statut VI de *Georg.* IV, ch. CXI, présente un tarif des droits de douane payables pour les marchandises importées des ports étrangers en Angleterre, et des primes (*drawback*) accordées pour leur réexportation. Le même tarif contient encore les droits sur les marchandises exportées des ports d'Angleterre à l'étranger, et ceux sur les marchandises transportées d'un lieu à l'autre de la Grande-Bretagne, et la prime par la réexportation. Cet acte a été modifié par les actes de la septième année de *Georges* IV, chap. XLVIII, LIII, et de la neuvième, *Georges* IV, chap. LXXVI.

Le roi d'Angleterre peut, par un arrêté pris en conseil, autoriser l'importation et l'exportation de marchandises sur des bâtimens étrangers, avec les mêmes droits et les mêmes primes et faveurs qui sont imposés ou accordés aux bâtimens anglais, pourvu toutefois que, préalablement à cette autorisation, des preuves suffisantes aient établi qu'en réciprocité, des droits et des primes semblables en faveur de la Grande-Bretagne existent chez la nation à laquelle appartiennent ces bâtimens.

Des droits additionnels peuvent être mis sur les marchandises importées en Angleterre par des bâtimens des pays où des droits plus forts sont établis sur les marchandises importées par les bâtimens anglais, que sur celles importées par les bâtimeus du pays. Il en est de même du tonnage des bâtimens étrangers. Leur entrée, après certaines formalités, peut être autorisée, en payant le même droit de tonnage que les vaisseaux anglais; le roi peut aussi augmenter ces droits pour les navires appartenant à des ports où les bâtimens anglais paient un p!us fort tonnage que ceux du pays.

On peut encore prélever un droit additionnel, n'excédant pas un cinquième du montant d'aucun droit existant, sur toutes marchandises produit du sol ou des manufactures d'un pays qui perçoit des droits plus élevés sur les marchandises produit du sol ou des manufactures de la Grande-Bretagne et ses possessions, que sur les mêmes articles d'un autre pays. Le même droit peut se percevoir aussi bien sur toutes les marchandises importées par des bâtimens de tous les pays, qui perçoivent des droits plus forts ou d'autres droits sur les marchandises importées par des bâtimens anglais que sur celles importées par des bâtimens nationaux ou de tout autre pays, ou qui prélèvent un droit de tonnage, d'ancrage et autres, plus fort ou différent, sur les bâtimens anglais que sur les bâtimens nationaux, ou qui enfin ne placent pas le commerce et la navigation de la Grande-Bretagne sur le même pied que ceux des nations les plus favorisées dans leurs ports. L'importation d'un article manufacturé produit d'un pays étranger peut être également prohibée, dans le cas où l'exportation de la matière première servant en tout ou en partie à la confection de cet article est prohibée du pays dans les possessions anglaises, ou un droit additionnel n'excédant pas le cinquième précité ci-dessus peut être mis sur l'article manufacturé. Dans le cas où cette matière première est sujette à un droit dans son exportation du pays à un port anglais, on peut la frapper en Angleterre d'un droit additionnel, comme il a été dit.

Les statuts de la sixième année de *Georges* iv, chap. 60, relatifs à l'enregistrement des bâtimens anglais, portent que, aucun individu ayant prêté serment d'allégeance à un pays étranger (et tous les étrangers sont censés l'avoir fait, quoiqu'ils n'aient pas rempli les formalités voulues), excepté aux termes de quelque capitulation, et à moins d'être devenu postérieurement sujet dénisé ou naturalisé de la Grande-Bretagne, par lettres patentes ou par acte du parlement, aucun individu résidant habituellement dans des pays qui n'ap-

partiennent pas au gouvernement de S. M.
Britannique, à moins qu'ils ne soient membres
de quelque factorerie anglaise, agens ou as-
sociés de quelque maison faisant le commerce
dans la Grande-Bretagne ou l'Irlande, n'auront
la faculté d'être propriétaires, en tout ou en
partie, directement ou indirectement, d'un ou
plusieurs des bâtimens dont cet acte ordonne
l'enregistrement. Cet enregistrement comprend les bâtimens construits dans la Grande-
Bretagne, dans les îles de Jersey et Guer-
nesey, et dans les colonies qui, au moment
où le bâtiment a été construit, appartenaient
à S. M. Britannique; il comprend les bâtimens
qui ont été déclarés de bonne prise par une
commission de l'amirauté, ceux qui ont été
légalement confisqués pour contraventions à
la loi sur la traite des nègres, et tous ceux
enfin qui appartiennent aux citoyens anglais
autorisés par ledit acte à être propriétaires de
bâtimens.

D'après une disposition du même acte, le radoub des bâtimens anglais dans un port étranger ne doit pas excéder en frais vingt schellings par tonneau du port du bâtiment réparé, à moins qu'il ne soit prouvé que des avaries extraordinaires éprouvées à la mer depuis le départ ne l'empêchent de rentrer dans une des possessions britanniques. Le conseil privé peut également permettre aux propriétaires des bâtimens de se rendre dans des ports étrangers pour y faire des réparations qu'ils n'ont pu effectuer dans les ports anglais, en raison d'associations d'ouvriers.

Les restrictions sur le commerce des Aliens, qui ont eu lieu quelque temps encore après la révocation des droits ci-dessus mentionnés, ont été en partie annulées par le statut 3, *Georges* iv, chapitres 41 à 45. Le premier de ces chapitres est intitulé *Acte pour révoquer divers anciens statuts et parties de statuts relatifs à l'importation et l'exporta-tion des marchandises des pays étrangers en Angleterre, et réciproquement.* Cet acte porte que divers statuts et actes du parlement, ou parties d'actes relatifs à l'importation et l'exportation des marchandises, et aux réglemens et instructions relatifs à cette importation et exportation, faits et passés à différentes époques avant la 12ᵉ année du règne de *Charles* II, ne sont pas rapportés, quoiqu'ils puissent être considérés comme inutiles, et en opposition avec les actes rendus postérieurement, et maintenant en vigueur, pour l'encouragement de la marine et de la navigation. Des doutes ayant été émis sur la question de savoir jusqu'à quel point lesdits statuts ou actes, ou parties d'actes, peuvent demeurer en force et vigueur, pour prévenir les inconvéniens qui peuvent résulter de semblables doutes, il est essentiel que lesdits statuts ou actes ou parties d'actes, en ce qui a rapport à l'importation et exportation des marchandises, et aux réglemens et instructions y relatifs, soient rapportés, et déclarés de nul effet.

Les tribunaux anglais ont toujours adhéré très-strictement aux lois, lorsqu'il s'agissait de protéger ou de favoriser un Alien dans son commerce ; et quoiqu'ils ne puissent sanctionner la passation d'un bail à un artisan alien qui n'est point autorisé à prendre un bail de plusieurs années, comme l'est un négociant alien, cependant cet artisan peut obtenir l'autorisation de prendre une maison, autorisation qui n'a pas la force d'un bail. Les tribunaux peuvent encore autoriser la convention d'une certaine somme pour aussi long temps qu'il conviendra aux parties, et aussi forte que la nature des lieux l'exigera.

Les contrats et obligations passés entre des

étrangers et des sujets anglais sont considérés par les tribunaux anglais de la même manière que les obligations passées entre des citoyens ; les tribunaux donneront toujours suite aux actes faits d'après les lois du pays où ils ont été passés, malgré les dissidences qu'ils peuvent offrir avec les lois anglaises. Mais lorsque, dans un procès reposant sur un contrat passé en pays étranger, la position du défendeur n'est pas la même en Angleterre, il est tenu d'en administrer la preuve.

Lorsqu'un contrat portant intérêt est passé dans un pays étranger, ou lorsque le paiement d'une dette est illégalement refusé, le taux de l'intérêt sera calculé selon les lois du pays où le contrat a été passé ou la dette contractée, et non d'après les intérêts du pays où se fait la réclamation.

Un Alien peut être partie dans une obligation écrite ; car, puisqu'il lui est permis de faire le commerce, on doit raisonnablement lui permettre d'avoir toutes les sécurités nécessaires pour les actes qu'il passe.

Si une femme dont le mari étranger demeure au dehors obtient du crédit en Angleterre comme femme non mariée, elle pourra être poursuivie pour ses propres dettes, mais dans le cas seulement où elle se présentera de nouveau comme femme non mariée. Une femme née Alien ne peut être poursuivie pour dettes en Angleterre, si son mari a vécu avec elle, quoiqu'il en soit parti pour entrer au service étranger.

Tout individu qui a fait le commerce de l'extérieur ou de l'intérieur en Angleterre, c'est-à-dire qui a apporté des marchandises en Angleterre et les a envoyées au dehors pour être vendues, ou envoyé des marchandises du

dehors pour être vendues en Angleterre, lorsqu'il fait banqueroute, est sujet à la loi relative
à la banqueroute, et a droit aux bénéfices
qu'elle présente, soit qu'il soit Alien, dénisé
ou sujet de naissance, et malgré qu'il n'ait jamais résidé en Angleterre comme négociant,
et n'y soit venu qu'accidentellement.

Cependant une quittance faite par un syndicat de faillite en pays étranger ne suffit pas
pour arrêter une poursuite de faillite faite
par un sujet anglais pour ses dettes contractées
en Angleterre. Mais un certificat obtenu à
l'étranger arrête en Angleterre la poursuite
de dettes contractées à l'étranger ; car une
quittance faite dans le pays où la dette a été
contractée est toujours, partout ailleurs, une
décharge suffisante.

Les intéressés dans une faillite, qui tien-
nent leurs titres d'ordonnances étrangères,

peuvent poursuivre devant les tribunaux anglais le paiement des sommes dues au capital de la faillite.

Un étranger qui a vendu des marchandises de contrebande à un négociant en Angleterre en état de faillite, est autorisé à prouver sa dette devant le syndicat de faillite, pourvu que cet étranger n'ait point participé à l'acte de contrebande, et n'ait pas pris part à la transaction. Un fraudeur est dans le même cas : lorsqu'il vend ou achète, comme négociant, des marchandises de contrebande, il peut être poursuivi comme failli, quoique de pareils achats et ventes soient des opérations illégales.

———

Si l'on considère l'effet des lois étrangères et les opérations judiciaires des pays étrangers sous le rapport ou degré d'autorité que peuvent leur accorder les tribunaux anglais, on doit poser en règle générale que, pour présenter une loi de quelque pays que ce soit, il faut en prouver l'existence, si elle est écrite par une copie authentique. Ainsi une copie imprimée des six Codes de France, présentée par le vice-consul français résidant à Londres, et qu'il aurait achetée chez un libraire français, serait admise en évidence de la loi de France relative au sujet sur lequel un tribunal anglais aurait à prononcer. Mais le même tribunal n'aurait pas la même déférence pour une ordonnance rendue par un gouvernement étranger, et qui ne serait pas conforme à la loi des nations. Si la loi n'est point écrite, elle doit être prouvée par des témoins qui connaissent les lois du pays ; avant qu'un acte passé dans un pays étranger, et qui produit un effet légal d'après une loi de ce pays, soit admis en évidence, l'existence de cette loi doit être prouvée par des témoins. Ainsi un acte énonçant un cas de divorce, et scellé par la synagogue de Livourne, n'est point admissible à prouver ce divorce, à moins que la loi du pays ne soit préalablement établie en évidence.

Les tribunaux d'Angleterre ne connaissent pas des lois de finances ou des lois pénales des pays étrangers, non plus que d'une comission d'un prince étranger.

Tout acte judiciaire passé dans un pays relativement aux propriétés d'individus soumis à la juridiction de ce pays est exécutoire sur les propriétés de ces mêmes individus dans tout autre pays, et le jugement d'un tribunal étranger compétent sur une question prévue par la loi de ce pays semble exécutoire en Angleterre, lorsque la question concerne les mêmes parties.

Le jugement d'un tribunal étranger compétent reconnaissant un mariage fait dans le pays sera une preuve suffisante, devant un tribunal anglais, de la validité de ce mariage; car un mariage célébré dans un pays étranger doit être déterminé par la *lex loci*, et la validité d'un tel mariage est nécessairement prouvée par la loi du pays où il est célébré.

Une sentence de séparation de corps entre mari et femme, par suite d'un procès en adultère, rendue par un tribunal étranger, sera admissible devant le *tribunal ecclésiastique* d'Angleterre, et une sentence de nullité de mariage rendue dans le pays où le mariage a été célébré sera d'un grand poids; mais le jugement d'un tribunal étranger pour la nullité d'un mariage qui n'aura pas été célébré dans sa juridiction ne jouira pas du même avantage.

Quant aux lettres de change, si, d'après les lois du pays où elles ont été acceptées, et où elles devaient être payées, l'obligation a été annulée par un acte quelconque, elles cessent d'avoir aucune valeur en Angleterre.

Une personne jugée en état de démence par un tribunal compétent étranger sera considérée comme en état de démence en Angleterre.

Il est hors de doute qu'un individu acquitté d'une accusation criminelle ou d'une poursuite judiciaire par un tribunal étranger compétent peut se prévaloir de ce jugement contre une nouvelle poursuite intentée contre lui pour le même fait en Angleterre, et que, dans une accusation criminelle, comme pour un assassinat commis en pays étranger, celui qui est acquitté dans ce pays peut plaider en Angleterre en action de non-recevoir.

Les tribunaux anglais admettent l'attestation sous serment faite devant des magistrats étrangers toutes les fois que la compétence de ces magistrats est suffisamment prouvée. Ainsi une attestation sous serment pour dettes faite par un demandeur résidant en pays étranger, devant un magistrat étranger dont la signature et la qualité pour recevoir serment en ce pays sont légalisées par une attestation à ce sujet en Angleterre, est un titre suffisant pour que le juge ordonne au défendeur de donner caution.

Les certificats délivrés par les consuls et vice-consuls anglais à l'étranger ont été comparés aux jugemens rendus par des tribunaux étrangers ; mais ces fonctionnaires ne sont point, à proprement parler, des magistrats, et la législation anglaise n'a rien qui fasse admettre leurs certificats pour évidence de faits qui y sont relatés. Quoiqu'on ait avancé qu'une attestation sous serment pour dettes, faite devant un vice-consul anglais à l'étranger en l'absence du consul, est suffisante pour obliger le défendeur à donner caution, on peut douter que le consul anglais en pays étranger soit autorisé à recevoir serment, si ce n'est dans les cas où il en a reçu la mission par acte exprès du parlement, et comme s'il était magistrat du pays où il réside.

Un certificat notarié et scellé, vérifié par le consul anglais, dont l'écriture est reconnue par serment, pour attester une déclaration

3.

faite en pays étranger à une personne à Londres, pour recevoir de l'argent pour une personne à l'étranger, ne sera point admis par un tribunal anglais pour l'exécution de l'acte, sans être accompagné de l'attestation par serment du témoin qui y est signé. Ainsi un acte passé à l'étranger, et certifié par un étranger, peut être admis par l'évidence de l'écriture du témoin et de la partie intéressée, mais non par celle du dernier seulement.

La copie des registres d'une église étrangère en Angleterre n'est pas suffisante pour y établir la preuve d'un mariage ; et le mariage célébré entre des étrangers dans la chapelle d'un ambassadeur étranger, en Angleterre, n'est point exempt des formalités prévues par les statuts concernant le mariage en Angleterre.

Dans toute poursuite judiciaire en Angleterre, un étranger peut obtenir un ordre de répondre dans sa propre langue, ou par un interprète : ainsi un étranger défendeur dans un procès devant le tribunal d'*Equity*, lequel ne connaît pas l'anglais, sera autorisé à faire sa réponse, dans l'instruction et autres formalités remplies contre lui, en son idiome natal, et cette réponse sera accompagnée d'une traduction assermentée. Toute commission nommée par le tribunal pour recevoir la réponse d'un étranger a nécessairement le pouvoir de la recevoir par l'intermédiaire d'un interprète, si c'est nécessaire.

Dans toute poursuite judiciaire en Angleterre, le témoignage d'un Alien est aussi valable que celui d'un citoyen, et l'Alien appelé en témoignage reçoit la même indemnité pécuniaire. S'il a été appelé du dehors, il peut réclamer les frais de son voyage. Mais le témoin étranger qui paraît domicilié en

Angleterre, quoiqu'il ait droit à la même indemnité que les autres témoins, ne peut prétendre au paiement des frais de son retour dans son pays.

DÉNISATION.

Un Dénisé est un Alien qui a été investi de quelques uns des priviléges appartenant au sujet de naissance. Ces priviléges peuvent lui être accordés pour toute sa vie, ou pour un temps limité, pour lui et ses enfans, ou pour lui et ses héritiers en général, sans restriction, ou pour un cas particulier et sous certaines conditions, ou enfin pour l'autoriser seulement à passer un acte spécial.

« Un Dénisé, dit lord Bacon, est celui qui n'est que *subditus insitivus* ou *adoptivus;* c'est un sujet admis ou adopté : il ne l'est jamais par naissance, mais par un acte du roi, et ne peut l'être autrement, quelque jeune qu'il soit venu dans le royaume, et quelque prolongé qu'y ait été son séjour. Le domicile et le séjour ne produisent pas sa Dénisation, non plus que le serment d'obéissance au roi, mais seulement, ainsi qu'il a été dit, la volonté du souverain. La loi lui donne une qualité et des droits qui ne sont pas limités en étendue, mais seulement en durée : comme avant une certaine époque il n'avait pas la qualité de sujet, la loi ne le reconnaît point tel à cette époque. S'il a des enfans après sa dénisation, ils sont aptes à hériter, ce que ne peuvent faire ceux qui sont nés avant. Le roi lui-même ne peut donner le pouvoir d'hériter à l'enfant d'un Alien par lettres de Dénisation ou de toute autre manière, cette prérogative appartenant au parlement seul, par acte de naturalisation. Ainsi, comme le dit Blackstone, un Dénisé peut être considéré comme placé dans un état intermédiaire entre l'alien et le citoyen de naissance, et participer de l'un et de l'autre. Un Dénisé peut avoir des terres par purchase ou par donation, ce que ne fait point un alien, mais il ne peut hériter; ses parens étant aliens, et n'ayant pas la qualité d'héritier lui-même, il ne peut la transmettre à ses descendans.

Les enfans d'un Dénisé nés avant la Dénisation n'héritent point de lui; ils héritent lorsqu'ils sont nés après, même à l'exclusion des premiers, par la raison qui vient d'être exposée ci-dessus. Si la femme est alien, et qu'elle obtienne la Dénisation après que son mari a aliéné ses propres terres, elle ne peut, après la mort de celui-ci, recevoir ces terres en douaire.

Un acte du parlement interdit aux Dénisés d'être membres du conseil privé et des deux chambres. Ils ne peuvent non plus remplir aucunes fonctions civiles ni militaires, ni recevoir aucune dotation de la couronne. Il paraît, au reste, que le droit de faire des Dénisés n'appartient pas exclusivement au roi, mais peut être exercé par le parlement. Cependant il n'est, en général et de fait, exercé que par le pouvoir royal. La simple nomination à un emploi, faite en faveur d'un Alien par le roi, ne fait pas de cet Alien un Dénisé. Les lettres patentes sont le mode le plus habituel de conférer la Dénisation.

La loi d'Angleterre non-seulement protège les Aliens qui ont obtenu les avantages de Dénisés en Angleterre, mais elle respecte encore les droits de ceux qui ont été reconnus citoyens de gouvernemens étrangers. Il est arrivé, par exemple, qu'un Anglais de naissance, naturalisé dans un État voisin, a été admis comme tel aux avantages d'un traité entre l'Angleterre et ce gouvernement, et qui lui permettait d'avoir des relations commerciales avec une troisième contrée, priviléges que sa qualité seule d'Anglais ne lui aurait point procurés.

Quoiqu'il soit inséré dans les lettres de Dénisation une clause portant que le Dénisé observera les lois du royaume, et y obéira; comme cette clause n'est point une condition, elle n'annule et ne révoque pas les lettres de Dénisation, mais soumet seulement le Dénisé aux peines portées contre son délit ou infraction.

Le modèle des lettres de Dénisation, qu'on trouvera dans les notes, donnera une idée pleine et entière des droits et priviléges qu'elles concèdent à ceux qui les reçoivent.

Il est deux classes de personnes naturalisées : les unes le sont individuellement, par un acte particulier du parlement, les autres le deviennent en se conformant à certains statuts généraux.

Différente de la simple dénisation, la Naturalisation a un effet rétroactif, et ne peut être pour un temps limité. Ainsi, personne ne peut être naturalisé pour sa vie seulement, ou pour lui et ses enfans, ou sous certaines conditions, attendu que la Naturalisation emporte une idée absolue et permanente, et que toute restriction serait contraire au caractère distinct et homogène de l'allégeance naturelle.

La Naturalisation par acte du parlement place celui qui en est l'objet, à quelques exceptions près, sur le même pied que le sujet de naissance ; de sorte qu'il peut acheter des propriétés territoriales, en hériter, et les transmettre à ses descendans. Il ne peut cependant être membre du conseil privé, ni des deux chambres, et ne jouit pas de la faculté d'exercer aucun emploi civil ou militaire, ni de recevoir en dotation du roi aucune terre située dans les royaumes de Grande-Bretagne et d'Irlande. Il est d'usage, lorsqu'un étranger distingué par son rang ou ses services est naturalisé, de passer un acte pour rapporter en sa faveur les diverses restrictions, et de procéder ensuite à une Naturalisation sans exception.

Aucun acte de Naturalisation ne peut être reçu par une des deux chambres, sans une clause qui interdise au naturalisé de recevoir des immunités commerciales dans des pays étrangers, à moins qu'il n'ait résidé dans la Grande-Bretagne pendant sept ans consécutifs après la session où se fait la Naturalisation. Personne ne peut être naturalisé sans avoir communié un mois avant la présentation du bill, et à moins d'avoir prêté le serment d'allégeance en présence du parlement. Mais des actes particuliers du parlement ont quelquefois dispensé de ces formalités des princes ou princesses étrangers avant leur Naturalisation.

Un projet de Naturalisation de tous les protestans étrangers a eu lieu jadis ; mais après trois ans d'épreuves, l'acte qui en avait été passé a été rapporté, à l'exception d'une clause pour la Naturalisation des enfans nés en pays étrangers de parens anglais. Cependant tout marin étranger qui, en temps de guerre, et en vertu d'une proclamation du roi, sert pendant deux ans à bord d'un vaisseau anglais, est naturalisé par le fait même. Tout protestant ou juif étranger qui, pendant une résidence de sept années dans une des colonies d'Amérique, ne s'absente pas plus de deux mois consécutifs; tout protestant étranger qui passe deux ans au service militaire dans les mêmes colonies, ou qui pendant trois ans est employé à la pêche de la baleine, sans faire ensuite une absence de plus d'une année des possessions du roi d'Angleterre, et pourvu qu'ils ne soient atteints d'aucun des motifs d'incapacité prévus par les actes du parlement, sont naturalisés dans toute l'extension du mot, après avoir prêté serment d'allégeance, et ne se trouvent point soumis aux restrictions prévues par lesdits actes.

Quant aux quakers et autres protestans qui

se font scrupule de prêter serment, l'acte du parlement prescrit qu'une déclaration ou affirmation répondant au même objet soit faite devant le président ou un des juges de la colonie. Les juifs, ainsi que les quakers, sont dispensés de communier; et lorsqu'ils se présentent pour prêter le serment voulu par les statuts, ces mots : *D'après la croyance d'un chrétien,* sont supprimés.

La position respective d'un citoyen français en Angleterre et d'un citoyen anglais en France peut, à quelques exceptions près, s'établir ainsi. L'état de dénisation en Angleterre peut être comparé à celui d'un Anglais domicilié en France en vertu d'une ordonnance du Roi ; la Naturalisation se rapporte à l'obtention de *lettres de naturalité* en France, et la Naturalisation, avec rapport de tous les cas d'incapacité des aliens, peut être assimilée aux lettres de grande Naturalisation accordées à des étrangers distingués, devenant sujets du roi de France.

Ayant donné le modèle des lettres de dénisation, nous croyons devoir aussi comprendre, dans les notes, celui de Naturalisation, soit qu'elles aient pour objet des étrangers distingués par leur rang et leurs services, ou des individus d'une classe ordinaire. Il donnera une idée exacte et précise de la nature des droits et priviléges résultant de pareils actes.

NOTES.

***

Anno 7° Georgii iv regis.

Acte pour l'enregistrement des aliens,
26 mai 1826.

1o Attendu que, dans la cinquante-sixième année du règne de feu S. M. Georges iii, il fut passé un acte intitulé *Acte pour fixer les réglemens relatifs aux aliens arrivant ou résidant dans le royaume pendant deux ans, à dater de la promulgation dudit acte jusqu'à la fin de la session du parlement pendant laquelle ces deux années expireront, si le parlement est alors assemblé;* lequel acte a été prorogé par différentes dispositions subséquentes, et expire dans le cours de la présente année; attendu qu'il est urgent qu'au lieu des réglemens prescrits par cet acte il soit pris des dispositions pour un enregistrement complet des aliens dans le royaume, il est en conséquence décrété par Sa Majesté, après avoir pris l'avis des lords spirituels et temporels, et de la chambre des communes du présent parlement assemblé par ses ordres, que tous aliens qui à la promulgation de cet acte se trouveront dans le royaume, feront le même jour, ou dans l'espace de quatorze jours après, une déclaration par écrit, portant leurs noms, qualités, professions, et le lieu où ils demeurent; et s'ils sont domestiques, les nom, qualités, professions et lieu de la demeure de leurs maîtres ou maîtresses, le lieu de leur naissance, et celui de leur dernière résidence, avant leur arrivée dans le royaume. Ils transmettront cette déclaration dans lesdits quatorze jours, par la poste, s'ils sont dans la Grande-Bretagne, à l'un des principaux secrétaires d'Etat de Sa Majesté à l'alien-office à Westminster; et s'ils sont en Irlande, au premier secrétaire du lord lieutenant ou gouverneur d'Irlande, cette déclaration étant signée par celui qui la fait s'il sait écrire, et dans le cas contraire, visée par un magistrat de la ville, ou par un officier civil, ou par le ministre, ou un ou plusieurs *churchwardens* ou *overseers* de la paroisse où se trouve l'alien. Ladite déclaration sera suffisante pour tous les enfans de la même famille, si elle est faite de la même manière précitée par le père; et en cas de mort ou d'impossibilité, par la mère.

2° Il est décrété encore que les capitaines de tout bâtiment qui, à dater de la promulgation de cet acte, arriveront dans le royaume, des pays étrangers, feront, immédiatement après leur arrivée, une déclaration par écrit, à l'officier principal de la douane du port où ils aborderont, des aliens qui, à leur connaissance, seraient à bord de leur bâtiment, ou qui en seraient débarqués à quelqu'un des ports du royaume. Ils spécifieront dans cette déclaration le nombre des aliens à bord du bâtiment, ou qui, à leur connaissance, auraient débarqué, leurs noms, rang, état et profession, autant qu'ils pourront le savoir; et si les capitaines des bâtimens se refusaient à faire ladite déclaration ou en faisaient une fausse, ils seraient condamnés, pour chaque infraction de ce genre, à une amende de vingt livres (500 fr.), et de plus à celle de dix livres (250 fr.) pour chaque alien qui aurait été à bord du bâtiment au moment de l'arrivée, ou qui à sa connaissance en serait débarqué, et qu'il aurait refusé ou négligé de déclarer; auquel cas il sera légal pour tout officier de la douane, et pour ceux qui en seront requis, de retenir le bâtiment jusqu'à ce que la somme soit payée. Ce qui précède cependant ne s'applique à aucun des marins que le capitaine certifierait par un écrit signé de lui être employé au ser-'vice de son bâtiment, lequel certificat lesdits capitaines sont, par le présent acte, requis de fournir comme il a été dit, signé par eux.

3° Il est de plus décrété que tout alien qui après la promulgation de cet acte arrivera à un port quelconque du royaume, d'un port étranger, ou passera de Grande-Bretagne en Irlande, ou d'Irlande en Grande-Bretagne, aura immédiatement à remettre, à son arrivée ou passage, à l'officier en chef des douanes du port de débar-

quement, les passe-ports dont il pourra être
porteur, et faire à cet officier une déclaration
par écrit, ou verbale, du bâtiment sur lequel
il est arrivé, de ses noms, rang, état et profession; et si c'est un domestique, des noms, état
et profession de son maître ou de sa maîtresse.
Il déclarera, en outre, le pays et le lieu d'où
il vient, l'endroit du royaume où il se propose
d'aller, le nom du lieu qu'il veut habiter, et
celui de la personne ou des personnes (s'il en
est) dont il est connu. Cette déclaration sera
faite ou réduite dans la forme approuvée
par un des principaux secrétaires d'état de Sa
Majesté. Tout alien arrivant dans le royaume,
qui négligera ou refusera de délivrer son passe-port, sera puni d'une amende de la somme
de cinq livres (125 fr.); et s'il néglige ou refuse de faire ladite déclaration, ou s'il en fait
une fausse, il sera puni comme il sera dit
ci-après.

4° Il est de plus décrété que l'officier des
douanes auquel les passe-ports seront remis
et la déclaration faite, enregistrera immédiatement cette déclaration dans un registre tenu

par lui à cet effet, dans lequel les certificats seront imprimés en blanc, en deux parties, dans la forme approuvée par un des secrétaires d'état de Sa Majesté. Il y insérera, dans les colonnes à ce destinées, les détails exigés par le présent acte, et dans les deux parties, excepté pour les individus portés seulement dans les colonnes d'observation, qui ne seront inscrits que dans une seule partie. Il coupera un de ces certificats faits en double expédition, et le remettra à l'alien qui aura fait sa déclaration.

5° Il est de plus décrété que le principal officier des douanes de chaque port transmettra, dans l'intervalle de deux jours, les déclarations de chaque capitaine de bâtimens et les passe-ports, ainsi qu'une copie des certificats, si c'est en Grande-Bretagne, à l'un des principaux secrétaires d'état de Sa Majesté à l'alien-office à Westminster; et si c'est en Irlande, au premier secrétaire.

6° Il est de plus décrété que chaque alien arrivant dans le royaume après la promulgation du présent acte, dans la semaine suivant son arrivée à l'endroit désigné par le certificat précité, remettra ledit certificat, si cet endroit est la ville de Westminster, ou un lieu qui n'en soit éloigné que de cinq milles au plus, à l'alien-office à Westminster, et déclarera par écrit l'endroit où il se propose de résider, transmettant le tout par la poste à un des principaux secrétaires d'état de Sa Majesté, si c'est en Angleterre; et au premier secrétaire, si c'est en Irlande. Tout alien qui négligera ou refusera de produire ledit certificat, de faire ou de transmettre ladite déclaration, ou qui en fera ou transmettra une fausse, dans aucune des circonstances précitées, sera puni de la manière ci-après exprimée.

7° Il est de plus décrété que tout alien se trouvant dans le royaume à la promulgation du présent acte, fera, le premier janvier et le premier juillet de chaque année, ou au plus tard une semaine après lesdits jours, une déclaration par écrit du lieu de sa résidence, faisant connaître l'endroit où il se propose de demeurer dorénavant; il transmettra cette déclaration par la poste, si c'est en Grande-Bretagne, à un des principaux secrétaires d'état de Sa Majesté à Westminster; et si c'est en Irlande, au premier secrétaire. Tout alien qui refusera ou négligera de faire ou de transmettre ladite déclaration, ou qui en transmettra une fausse, sera puni comme il sera dit ci-après.

8°. De plus, par le présent acte, sont autorisés pour la Grande-Bretagne le principal secrétaire d'Etat de Sa Majesté, et pour l'Irlande le premier secrétaire, à requérir tout alien de déclarer le lieu actuel de sa résidence, et celui où il se propose de résider pour l'avenir, à des intervalles plus courts que ceux qui sont prescrits par le présent acte, lesquels intervalles pourront être déterminés par le changement de résidence dés aliens, selon que le principal secrétaire d'Etat, ou le premier secrétaire respectivement, le jugeront à propos. Ladite réquisition pourra être faite par un mandat signé et scellé par le principal secrétaire d'Etat ou le premier secrétaire respectivement, être remise à l'alien, laissée à son domicile, ou par un avis publié dans la gazette de Londres ou la gazette de Dublin, selon le cas. Tout alien nommé dans ledit mandat ou ledit avis devra faire et transmettre sa déclaration dans le délai prescrit par ledit mandat ou avis; et s'il néglige ou refuse de le faire, il sera puni comme il est dit ci-après.

9°. Il est de plus décrété que tout alien qui, dans les cas précités, négligera de faire les déclarations prescrites par le présent acte, ou de les remettre dans les cas où il est requis de le faire, et dans les délais limités à cet égard, ou qui fera et transmettra une fausse déclaration, sera puni, après conviction établie par deux juges de paix, pour chaque contravention, d'une amende n'excédant pas cinquante livres (1250 fr.), ou d'un emprisonnement n'excédant pas six mois, au choix desdits juges de paix.

10°. Il est de plus décrété qu'après la réception à l'alien-office, ou au bureau du premier secrétaire pour l'Irlande, des déclarations précitées, le commis qui sera nommé à cet effet par un des principaux secrétaires d'état de Sa Majesté, ou par le premier secrétaire pour l'Irlande respectivement, dressera, sous trois jours, dans la forme qui sera approuvée à cet effet par un des principaux secrétaires d'Etat de Sa Majesté, un certificat portant le nom, état, profession et signalement de l'alien, et le lieu de sa résidence, et le lui transmettra par la poste. Tout alien qui, par sa faute, ne sera pas porteur dudit certificat, ou qui, sans excuse légitime, résidera dans un autre lieu que celui qui sera porté sur son certificat, sera puni d'une amende de vingt livres (5oo fr.); et tout alien qui, étant requis par un juge de paix de présenter ledit certificat, refusera ou négligera de le faire, pourra être considéré comme n'en ayant pas.

11°. Il est de plus décrété que tout alien qui, après la promulgation du présent acte, étant prêt à quitter le royaume, désirera avoir le passe-port remis par lui lors de son débarquement, devra le faire connaître par écrit

à l'alien-office à Westminster, ou au bureau
du premier secrétaire en Irlande, en indi-
quant le port où il désire s'embarquer. Le
commis chargé de ces fonctions transmettra
ledit passe-port par la poste au premier officier de la douane du port désigné, pour être
délivré par lui à l'alien, qui avant son embar-
quement déclarera l'intention où il est de partir, et fera cette déclaration au principal officier
de la douane du port du départ. Celui-ci
transmettra ladite déclaration au principal
secrétaire d'état à l'alien-office à Westminster,
si c'est à l'Angleterre; et au premier secrétaire, si c'est en Irlande. Tout alien qui
négligera de faire ladite déclaration, ou de
la remettre au principal officier de la douane
du port du départ, sera puni d'une amende
de cinq livres (125 fr.).

12°. Il est de plus décrété que lorsqu'un
certificat délivré à un alien, en vertu du présent acte, sera perdu, égaré ou détruit, et
que ledit alien le prouvera à l'un des juges
de paix de Sa Majesté, s'il est démontré à ce
fonctionnaire que l'alien s'est dûment con-

formé au présent acte, il est autorisé et requis par le présent de certifier le fait par écrit signé de lui. L'alien pourra demander un nouveau certificat, qui aura la même force et valeur que le certificat perdu, égaré ou détruit.

13°. Il est de plus décrété que tous les certificats demandés dorénavant seront délivrés sans frais ni paiement quelconque. Toutes personnes qui recevront d'un alien ou autre personne le paiement d'un certificat ou autre pièce délivrée par suite du présent acte seront punies, pour chaque contravention de ce genre, d'une amende de vingt livres (5oo fr.). Tout officier de la douane qui refusera ou négligera de faire l'entrée précitée ou de délivrer les certificats voulus par le présent acte, ou qui fera sciemment une fausse entrée, ou négligera d'en transmettre la copie, ou de transmettre la déclaration d'un capitaine de bâtiment, ou une déclaration de départ, de la manière prévue par le présent acte, sera puni, pour chaque contravention de ce genre, d'une amende de vingt livres (5oo fr.).

14°. Il est de plus décrété que toute personne qui fabriquera, contrefera ou altérera, ou qui fera fabriquer, contrefaire ou altérer une déclaration ou certificat prescrits par le présent acte, ou qui obtiendra ledit certificat sous d'autres noms et qualités que ceux de l'alien qu'on entendra désigner, sans découvrir à la personne délivrant ledit certificat les véritables noms et qualités de l'alien, et les raisons qui le portaient à les déguiser, et à prétendre être la personne désignée dans le certificat, sera puni, après conviction du fait établie par deux juges de paix, d'une amende n'excédant pas cinquante livres (1250 fr.), ou d'un emprisonnement n'excédant pas la durée de six mois, au choix de ces magistrats.

15°. Il est de plus décrété que toutes les contraventions au présent acte pourront être poursuivies pendant les six mois qui suivront la contravention, excepté celle de non déclaration de départ, qui pourra être poursuivie pendant les six mois qui suivront le retour du délinquant dans le royaume. Lesdites contraventions seront poursuivies devant deux ou plusieurs juges de paix du lieu où elles auront été commises; lesquels sont requis, en cas de non paiement de toute peine pécuniaire, de mettre et détenir le délinquant en prison pendant un temps qui ne peut excéder six mois, et qui doit cesser aussitôt le paiement effectué. Ils sont tenus de transmettre aussitôt à l'un des principaux secrétaires d'état de Sa Majesté, ou au premier secrétaire pour l'Irlande, le rapport de la nature du délit, et de la punition qui l'a suivi. Aucun *writ* de *certiorari* d'advocation ou suspension ne sera admis pour écarter les poursuites d'aucun magistrat, relativement aux cas précités, ni pour suspendre ou annuler leur résultat.

16°. Il est encore décrété que rien de ce qui est prévu par le présent acte ne concerne aucun ambassadeur étranger ni autre ministre public dûment autorisés, ni aucun domestique desdits ambassadeurs ou ministres, enregistrés comme tels selon la loi, ni aucun alien qui aura résidé dans le royaume pendant six ans consécutifs avant la promulgation du présent acte, et qui en aura obtenu un certificat de l'alien-office ; ni aucun alien pour aucun acte fait ou omis, s'il était au-dessous de quatorze ans à l'époque où le même acte devait être fait ou omis. S'il s'élève la question de savoir si une personne considérée comme alien, et sujette aux dispositions du présent acte, est alien ou non, et s'il est sujet ou non aux dispositions du présent acte ou à quelques unes, la preuve devra être administrée que cette personne est ou doit être, selon la loi, considérée comme sujet de naissance de Sa Majesté, ou comme dénisé de ce royaume, ou comme naturalisé ; ou que cette personne, si c'est un alien, n'est point sujette aux dispositions du présent acte ou à quelques unes d'elles, en raison de quelques unes des exceptions prévues par le présent acte ; ou autrement que ladite personne est alien, et comme tel soumis aux dispositions du présent acte.

17°. Il est décrété de plus que le présent acte sera exécutoire à partir du premier juillet de l'année mil huit cent vingt-six.

―――――

« Georges IV, par la grâce de Dieu roi du royaume uni de Grande-Bretagne et d'Irlande, défenseur de la foi, etc., savoir faisons, à tous ceux qu'il appartiendra, qu'il nous a plû d'accorder à nos bien aimés A..... B....., jadis de ......, et maintenant de la paroisse de ......, la qualité de libres dénisés, et celle de sujets de notre personne et celle de nos successeurs et héritiers, afin qu'eux, leurs successeurs et héritiers, et chacun de leurs héritiers respectivement, soient en tout traités, considérés et gouvernés comme nos fidèles sujets nés dans le royaume uni de Grande-Bretagne et d'Irlande; qu'eux, ou chacun d'eux respectivement, puissent, en tout et pour toutes choses, exercer, jouir

et user de toutes plaintes et actions de quelque
nature que ce soit, dans ledit royaume uni
de Grande-Bretagne et d'Irlande, et autres
lieux de nos possessions; y paraître devant
tous tribunaux comme demandeurs ou défen-
deurs, ainsi que peuvent le faire nos sujets
nés citoyens du royaume uni de Grande-
Bretagne et d'Irlande; et principalement que
lesdits A. B. et chacun d'eux, et leurs héritiers respectifs, puissent légalement, et selon leurs désirs, acquérir, acheter, posséder
terres, fonds, rentes, revenus et possessions
quelconques dans notredit royaume uni de
Grande-Bretagne et d'Irlande, en user et
jouir eux et leurs héritiers pour toujours,
les donner, vendre, aliéner ou concéder à
toute personne ou personnes qu'ils jugeront
à propos, avec les mêmes extension, liberté,
sécurité et garantie que nos fidèles sujets nés
dans le royaume uni de Grande-Bretagne
et d'Irlande; qu'eux et chacun d'eux et leurs
héritiers respectifs puissent légalement réclamer et posséder les bâtimens, terres et
rentes précédemment donnés, concédés ou
assignés à eux ou à aucun d'eux, par nous

ou toute autre personne, aussi complétement
et avec la même liberté et garantie que nos
autres sujets nés dans le royaume uni de
Grande-Bretagne et d'Irlande, et qu'eux et
chacun d'eux et leurs héritiers respectifs
aient et possèdent toutes les libertés, fran-
chises et priviléges de notredit royaume uni
de Grande-Bretagne et d'Irlande, et autres
possessions, aussi librement et paisiblement
que nos fidèles sujets nés dans ledit royaume
uni de Grande-Bretagne et d'Irlande, sans
empêchement, vexation ou molestation quelconques de notre part, de celle de nos héritiers et successeurs, de nos ministres et
officiers, et d'aucune personne quelconque.
Mais nonobstant nous voulons et ordonnons
par les présentes que lesdits A. B. et chacun
d'eux, et leurs héritiers respectifs, prêteront
hommage et allégeance à nous et à nos héritiers et successeurs; qu'ils paieront les con-
tributions comme les paient ou doivent les
payer nos autres sujets; qu'eux et chacun
d'eux et leurs héritiers respectifs paieront
aussi à nous, et à nos héritiers et successeurs,
les mêmes droits de douanes et subsides pour

leurs marchandises que paient et doivent
payer les aliens, pourvu toujours que lesdits A. B. et chacun d'eux, et leurs héritiers
respectifs, reconnaissent et observent toutes
et chacune des ordonnances, actes, statuts
et proclamations de notredit royaume uni de
Grande-Bretagne et d'Irlande, tous ceux qui
pourront être publiés postérieurement, et
qu'ils y portent l'obéissance voulue par la
forme et la teneur des lois; pourvu encore
qu'eux et chacun d'eux, et la famille ou familles
qu'ils ont ou pourront avoir par la suite, con-
tinuent à résider dans nosdits royaumes de
Grande-Bretagne et d'Irlande, ou dans nos
possessions ; pourvu enfin et sous condition
que si lesdits A. B. ou leurs héritiers mâles,
ou aucun d'eux, sont ou deviennent propriétaires d'un ou plusieurs navires, et que
lesdits A. B. ou aucun de leurs héritiers font
un commerce dans les limites contraires aux
libertés et priviléges précédemment accordés
à aucune corporation ou corporations de négocians du royaume uni de Grande-Bretagne
et d'Irlande, par chartes ou lettres patentes
de nous ou de nos prédécesseurs, alors ces

lettres patentes, quant aux personnes qui seront maîtresses d'un ou plusieurs navires, ou se livreront au commerce ci-dessus, deviendront nulles et de nul effet. »

Attendu que Son Altesse Royale le Prince-
Régent, agissant au nom et à la place de Sa
Majesté, à la satisfaction générale des sujets
de Sa Majesté, a jugé convenable de former
une alliance entre la famille de Sa Majesté
et Son Altesse Sérénissime Léopold-Georges-
Frédéric, duc de Saxe, margrave de Meissen, landgrave de Thuringe, prince de Cobourg et Saalfeld, il a en conséquence, au
nom de Sa Majesté et du consentement des
parties intéressées, arrêté qu'un mariage se-

rait contracté entre Son Altesse l'illustre princesse Charlotte-Auguste, fille de Son Altesse Royale le prince de Galles, régent du royaume uni de Grande-Bretagne et d'Irlande, et Son Altesse Sérénissime : et comme il ne peut être donné à Son Altesse Sérénissime une plus grande preuve de l'estime et de l'affection du royaume qu'un acte de naturalisation qui la mette à même d'engager les dons et libertés qui sont engagés dans ce royaume, nous, les loyaux et dévoués sujets de Votre Majesté, supplions humblement Votre Majesté de décréter, avec l'avis et consentement des lords spirituels et temporels, et des communes du parlement présentement assemblé, et avec leur autorité, que ledit Léopold - Georges - Frédéric, duc de Saxe, margrave de Meissen, landgrave de Thuringe, prince de Cobourg et Saalfeld, quand et aussitôt qu'il aura prêté le serment d'allégeance et suprématie devand le lord grand chancelier, lequel serment le lord grand chancelier est autorisé à recevoir, soit, à tous égards et rapports, admis et reçu en qualité de citoyen du royaume, comme s'il était né dans ledit royaume, nonobstant toutes lois et statuts à ce contraires;

2º Qu'il soit décrété de plus que ledit grand chancelier, après avoir reçu ledit serment, en délivrera un certificat pour être présenté à la haute-cour de la chancellerie;

3º Qu'il soit décrété de plus qu'après la célébration du mariage, Sa Majesté donnera audit Léopold-Georges-Frédéric, duc de Saxe, margrave de Meissen, landgrave de Thuringe, prince de Cobourg et Saalfeld, pour le temps de sa vie durant, le rang et la préséance sur le lord archevêque de Cantorbéry, le lord chancelier et les autres grands officiers et ducs (excepté les ducs du sang royal), et autres princes du royaume, comme Sa Majesté l'avisera à propos, nonobstant les lois et usages à ce contraires.

L'assemblée supplie Votre Majesté, les lords spirituels et temporels, et les communes en parlement présentement assemblé, A. B., fils de C. et de E. L. sa femme, né à......., dans le royaume de......, hors l'allégeance de Votre Majesté dans la religion protestante, et ayant donné des preuves de sa loyauté et fidélité à Votre Majesté, et à l'avantage du royaume uni de Grande-Bretagne et d'Irlande, qu'il soit décrété, comme il est décrété par le Roi, de l'avis et consentement des lords spirituels et temporels, et des communes du parlement présentement assemblé, que ledit A. B. sera et est dès à présent naturalisé, et sera désormais admis et reçu en qualité de naturalisé, comme né citoyen dudit royaume uni; et est et sera dorénavant réputé, tenu et admis, à tous égards, rapports et conditions, libre comme s'il était né citoyen dudit royaume uni.

Il est de plus décrété que ledit A. B. est et sera, par les présentes, admis et reconnu comme étant apte, à tous égards et conditions, à hériter, transmettre, demander, recevoir, garder, tenir, poursuivre et répéter tous biens, manoirs, terres, ventes, revenus, et autres possessions, priviléges et avantages de la loi appartenant à tous citoyens de naissance dudit royaume uni; comme aussi de faire valoir sa généalogie ascendante ou collatérale, en raison de ses droits, et réclamer ce qui pourra lui échoir ou revenir, et dès-lors prendre, avoir, retenir et garder tous biens, manoirs, terres par *purchase* ou donation de toute personne ou personnes quelconques; poursuivre, soutenir ou exiger, comme demandeur et défendeur, toutes demandes judiciaires aussi légitimement et librement que si ledit A. B. était né de parens sujets de naissance dudit royaume uni, et aussi bien que pourraient le faire des individus nés ou issus de parens nés citoyens dudit royaume uni; et sera ledit A. B., en toutes choses et à tous égards, sujet naturel et légitime dudit royaume uni, nonobstant toutes lois, usages, coutumes, statuts faits, promulgués et proclamés à ce contraires.

Il est de plus décrété que ledit A. B. n'est point autorisé par les présentes à faire partie du conseil privé, à être membre d'une des deux chambres, à occuper aucun emploi civil ou militaire, et à recevoir de la couronne aucune investiture de terre ou domaine pour lui-même, ou pour autres personnes en son nom.

Il est décrété de plus que ledit A. B. n'est point autorisé par les présentes à prétendre, dans aucun pays étranger, à aucune des immunités ou faveurs commerciales qui sont ou pourront être accordées aux citoyens de naissance dudit royaume uni, par suite de quelque traité ou autrement, à moins que ledit A. B. n'ait résidé dans ledit royaume uni, ou les possessions et dépendances, pendant l'espace de sept années qui suivront le jour de l'ouverture de la présente session du parlement, et ne se sera pas absenté plus de deux mois consécutifs dans la durée desdites sept années.

VOCABULAIRE.

Advowson (*advocatio*). C'est le droit de présentation à une église ou à un bénéfice ecclésiastique. Ce n'est point la possession personnelle de l'église, mais le droit de donner à un autre un titre à cette possession personnelle. Celui qui a le droit d'*advowson* est appelé le patron. Lorsque les seigneurs des manoirs bâtirent des églises sur leurs terres, et firent payer, au prêtre officiant dans ces églises, les dîmes qui jusqu'alors avaient été remises au clergé en commun, ils avaient incontestablement le droit et le pouvoir de nommer les prêtres qu'il leur plaisait pour officier dans ces églises, dont ils étaient les fondateurs, les soutiens et les patrons. Il y a plusieurs sortes d'*advowson*, mais nous devons nous borner à donner une explication du mot, comme des autres expressions de droit qui se trouvent dans ce vocabulaire, attendu que des considérations plus étendues nous entraîneraient hors des limites que nous nous sommes prescrites.

CERTIORARI (*writ de*). C'est la formalité par laquelle les poursuites d'une affaire criminelle sont transmises d'un tribunal inférieur à la juridiction d'une cour supérieure.

CHATTELS (*catalla*). Il y en a de deux espèces : les mobiliers et les immobiliers. Les immobiliers sont les intérêts résultant d'une propriété immobilière, et y étant attachés; ils participent à la qualité d'immobilité de ces propriétés, mais ils n'en ont pas la durée. Cette espèce de *chattel* comprend les baux de terres pour plusieurs années, le droit de présentation d'un ministre à une église, etc. La durée d'un *chattel* intérêt est limité à un certain espace de temps, au-delà duquel il ne peut exister. Le *chattel* mobilier est transportable, comme l'argent, les hardes, et toute autre chose qui peut être portée d'un lieu à un autre, et qui tient à la personne du propriétaire.

CHURCHWARDENS et OVERSEERS. Ce sont des officiers publics choisis annuellement parmi les principaux propriétaires de chaque paroisse. Le principal devoir des premiers est de s'occuper des réparations de l'église, et de convoquer les assemblées de la paroisse. Les autres sont chargés de percevoir une somme pour pourvoir aux besoins des pauvres, des aveugles, et de tous ceux qui sont incapables de travailler, et procurent de l'ouvrage à ceux qui en manquent étant en état de travailler.

COMMON RECOVERY. C'est un pouvoir ou une cession donnée à un tenancier de fief mouvant de disposer de sa propriété, comme s'il était tenancier en titre.

CURTESY (*jus curialitatis angliæ*), possesseur par *curtesy*. Lorsqu'un homme épouse une femme possédant une terre en fief absolu ou en fief mouvant, et qu'il a d'elle des enfans de l'un ou de l'autre sexe, qui étant nés viables ont la qualité d'héritiers, cet homme, après la mort de sa femme, possède la terre pendant sa vie durant, et est dit *tenens per legem angliæ*.

EQUITY (*equitas*). C'est la correction de la loi ordinaire, lorsqu'elle est en défaut ou qu'elle est trop sévère. Elle corrige la loi lorsque, en raison de son universalité, elle est insuffisante, et la supplée dans les cas qu'elle n'a pas prévus. Sa juridiction se porte exclusivement sur toutes les questions de fraude, abus de confiance, pertes de titres, associations, dispositions testamentaires, etc.

La juridiction du tribunal d'équité est très-étendue; le principal de ces tribunaux, présidé par le lord chancelier, prononce particulièrement sur les cas de démence, association de bienfaisance, banqueroute, etc.

JURY DE MEDIETATE LINGUÆ. C'est une très-ancienne faveur accordée aux étrangers, pour leur assurer plus d'impartialité dans un jugement. Si l'une des deux parties est alien, la moitié des jurés doivent être aliens (si ce nombre peut se trouver à l'endroit où le procès a lieu). Mais lorsque les deux parties sont aliens il n'est pas de partialité présumable, et le privilége n'est point appliqué. Ce privilége ne s'étend pas non plus aux cas de trahison, attendu que les aliens ne sont pas des juges compétens pour prononcer sur des cas d'allégeance.

PROBATE (*probatio*). Le *probate* d'un testament est le don de lettres testamentaires à un exécuteur par le tribunal spirituel, qui détermine la validité du testament quant à ce qui regarde les personnes. Cette pièce met l'exécuteur testamentaire à même d'intenter une action judiciaire, etc. C'est une preuve incontestable du testament, dans toutes les questions relatives à la personnalité.

PURCHASE (*acquisitio*). Dans son acception légale

et la plus étendue, ce mot signifie une acquisition de terres par la propre volonté d'un individu, et non par succession. Elle est distinguée de l'acquisition, qui est une suite des droits du sang, ou de toute autre opération de la loi.

TRIBUNAUX ECCLÉSIASTIQUES. Émanant de l'autorité du roi, comme chef suprême de l'Église, ces tribunaux connaissent des matières concernant la religion. Les questions matrimoniales et testamentaires sont encore de leur compétence.

USE (*usus*). Ce mot répond au *fidei-commis* du droit civil.

C'est une confiance accordée à un individu qui est *terre-tenant*, et qui disposera de cette terre selon les intentions de *cettuy qui use*, ou celui à qui la jouissance est donnée, qui l'autorise à en retirer les rentes.

FIN.

TABLE DES MATIÈRES.

FIN DE LA TABLE.